SALADES

D1595403

Tormont

Index

T5-AFR-203

Photographies : Marc Bruneau
Préparation des recettes : Studio Tormont
La vaisselle a été prêtée par Stokes et Hutschenreuther
Conception graphique des pages : Zapp
Conception graphique de la couverture : Cyclone Design Communications

© 2007 Éditions Tormont international, Montréal
www.tormont.com

Canadä

Nous reconnaissons l'aide financière du gouvernement du Canada par
l'entremise du Programme d'aide au développement de l'industrie de
l'édition (PADIÉ) pour nos activités d'édition.

Dépôt légal – Bibliothèque et Archives nationales du Québec, 2007.

ISBN 978-2-7641-2119-1 (publié précédemment par
Les Éditions Brimar inc., ISBN 2-89433-160-6)

Imprimé en Chine

SALADES

En été comme en hiver, les salades ajoutent
toujours une note de fraîcheur aux repas,
et sont toujours agréables à l'œil.

Ce livre de recettes vous propose des salades
qui peuvent être servies en entrées (caviar
d'aubergine), en plats d'accompagnements
en utilisant des ingrédients tels que
les betteraves et les agrumes ou encore en
plats de résistance (salade de riz et
de crevettes au cari, salade de turbot).

Vous cherchez de nouvelles idées pour
composer vos vinaigrettes et
vos mayonnaises ?
Les recettes, à la fin du livre, deviendront
vite les préférées de la famille.

Quoi de mieux qu'une salade pour laisser libre
cours à votre créativité ! Utilisez ce livre
comme guide et créez vos propres spécialités !

CRESSON

BOSTON

MÂCHE

ROMAINE

CHICORÉE

ENDIVES

TRÉVISE

ÉPINARDS

SCAROLE

LAITUE ROUGE
EN FEUILLES

PISSENLIT

Choix et préparation des ingrédients pour les salades

•

Dans la préparation des salades, il est important d'utiliser des ingrédients très frais. Il faut choisir, de préférence, des légumes de saison bien mûrs.

•

Tous les légumes verts doivent être soigneusement lavés à l'eau froide et bien essorés avec une essoreuse à salade, si possible. Les légumes qui ne sont pas suffisamment essorés empêcheront la vinaigrette ou la sauce à salade de bien enrober les ingrédients.

•

Quelques salades ont besoin de mariner pendant un certain temps ; d'autres peuvent être servies immédiatement. À moins d'indications contraires, les salades sont meilleures lorsqu'elles sont à la température ambiante.

Comment peler et épépiner les tomates

1 Retirer le pédoncule des tomates et inciser leur base en forme de X.

2 Les plonger dans l'eau bouillante et les y laisser jusqu'à ce que la peau commence à se détacher.

3 Les égoutter, les laisser refroidir, puis les peler.

4 Couper les tomates en tranches, en quartiers ou en moitiés, horizontalement. Les presser pour en retirer les graines et le jus. Hacher la chair et l'apprêter pour l'utiliser.

Salade de chou aux pommes
(4 à 6 portions)

1	petit chou	1
2	pommes, évidées	2
1	carotte, pelée et râpée	1
½	petit oignon, râpé	½
50 ml	mayonnaise	¼ tasse
50 ml	yogourt nature	¼ tasse
15 ml	moutarde forte	1 c. à s.
1	pincée de sucre	1
	sel et poivre blanc	
	huile et vinaigre	

1 Couper le chou en quatre et en retirer le trognon. Émincer le chou finement et le mettre dans un bol. Peler les pommes, les couper en julienne et les ajouter au chou.

2 Ajouter le reste des ingrédients, sauf l'huile et le vinaigre, et bien mélanger.

3 Rectifier l'assaisonnement. Ajouter l'huile et le vinaigre, au goût. Mélanger et laisser mariner 30 minutes avant de servir.

Salade de chou crémeuse épicée
(4 à 6 portions)

125 ml	crème sure	½ tasse
125 ml	mayonnaise	½ tasse
10 ml	moutarde douce	2 c. à t.
15 ml	vinaigre de cidre	1 c. à s.
15 ml	raifort	1 c. à s.
1	chou blanc, sans trognon et émincé	1
1	carotte, pelée et râpée	1
15 ml	persil frais haché	1 c. à s.
	sel et poivre fraîchement moulu	
	jus de citron, au goût	

1 Dans un bol, bien mélanger la crème sure, la mayonnaise, la moutarde, le vinaigre, le sel, le poivre et le jus de citron. Incorporer le raifort.

2 Mettre le reste des ingrédients dans un grand bol. Bien incorporer la sauce, couvrir d'une pellicule de plastique et réfrigérer au moins 4 heures avant de servir.

Salade de laitue rouge aux radis
(4 portions)

1	laitue frisée rouge	1
1	petite laitue Boston	1
6	radis, lavés et tranchés finement	6
50 ml	pignons grillés	¼ tasse
30 ml	moutarde forte	2 c. à s.
75 ml	crème à 35 %	⅓ tasse
	sel et poivre	
	poivre de Cayenne, au goût	
	jus de citron, au goût	

1 Laver les laitues à l'eau froide et bien les essorer. Déchiqueter les feuilles et les mettre dans un grand bol. Ajouter les radis et les pignons.

2 Dans un petit bol, mélanger la moutarde, le sel, le poivre, le poivre de Cayenne et le jus de citron. En fouettant, incorporer la crème.

3 Verser la sauce sur la salade, remuer et servir.

Salade de riz au crabe
(4 à 6 portions)

500 ml	riz cuit	2 tasses
225 g	chair de crabe cuite	½ lb
1	poivron rouge, pelé et coupé en dés	1
125 ml	piments doux rôtis, hachés	½ tasse
½	branche de céleri, coupée en dés	½
250 ml	olives noires dénoyautées	1 tasse
2	œufs durs	2
30 ml	vinaigre de vin	2 c. à s.
5 ml	moutarde forte	1 c. à t.
90 ml	huile d'olive	6 c. à s.
15 ml	persil frais haché	1 c. à s.
	sel et poivre	
	feuilles de laitue	

1 Dans un grand bol, mélanger le riz, la chair de crabe, le poivron, les piments doux rôtis, le céleri et les olives. Bien assaisonner et réserver.

2 Trancher les œufs durs en deux et retirer le jaune. Réserver les blancs pour une utilisation ultérieure.

3 Dans un bol, bien mélanger les jaunes d'œufs et le vinaigre, puis ajouter la moutarde. Bien mélanger. Incorporer l'huile et bien assaisonner. Ajouter le persil et verser la vinaigrette sur la salade. Bien mélanger. Servir sur des feuilles de laitue.

Salade de riz à l'ananas
(4 à 6 portions)

375 ml	riz, cuit à la vapeur	1 ½ tasse
250 ml	ananas frais, coupé en dés	1 tasse
250 ml	pamplemousse, coupé en quartiers pelés à vif	1 tasse
60 ml	crème à 35 %	4 c. à s.
1	pincée de paprika	1
	jus de 1 citron	
	sel et poivre blanc	

1 Dans un bol, bien mélanger tous les ingrédients. Rectifier l'assaisonnement.

2 Servir la salade sur un lit de laitue et garnir de ciboulette fraîche hachée, si désiré.

Salade Waldorf
(4 à 6 portions)

2	grosses pommes, évidées, pelées et coupées en julienne	2
1	céleri-rave, pelé et coupé en julienne	1
125 ml	mayonnaise légère	½ tasse
30 ml	crème sure	2 c. à s.
15 ml	persil frais haché	1 c. à s.
15 ml	estragon frais haché	1 c. à s.
	jus de 1 citron	
	moutarde forte, au goût	
	sel et poivre blanc	
	poivre de Cayenne, au goût	
	feuilles de laitue	

1 Mettre les pommes et le céleri-rave dans un grand bol. Couvrir d'eau froide et ajouter le jus de citron. Laisser reposer 2 heures.

2 Bien égoutter et presser pour en extraire toute l'eau. Remettre dans le bol.

3 Mélanger la mayonnaise et la crème sure. Ajouter de la moutarde, au goût. Incorporer à la salade pour bien l'enrober. Ajouter les fines herbes et les assaisonnements. Bien mélanger.

4 Servir sur un lit de feuilles de laitue.

Salade de saumon facile

(4 portions)

600 g	saumon frais, cuit, désossé et émietté	1 ¼ lb
1	branche de céleri, coupée en dés	1
2	échalotes sèches, épluchées et hachées	2
3	oignons verts, hachés	3
1	œuf dur, haché	1
60 ml	mayonnaise	4 c. à s.
	sel et poivre	
	jus de 1 citron	

1 Mettre le saumon et les légumes dans un bol. Ajouter l'œuf dur, la mayonnaise, le sel et le poivre et bien mélanger.

2 Incorporer le jus de citron. Rectifier l'assaisonnement et servir sur les légumes verts. Garnir de champignons, si désiré.

Salade de légumes cuits, à la sauce crémeuse

(6 portions)

1	grosse pomme de terre bouillie, épluchée et coupée en dés	1
225 g	haricots verts, parés, cuits et coupés en morceaux	½ lb
125 ml	petits pois cuits	½ tasse
250 ml	haricots blancs cuits	1 tasse
1	botte d'asperges, cuites et coupées en dés	1
125 ml	mayonnaise	½ tasse
45 ml	crème sure	3 c. à s.
1	petit chou-fleur, cuit	1
	sel et poivre fraîchement moulu	
	paprika et poivre de Cayenne, au goût	
	jus de 1 citron	
	feuilles de laitue	
	persil frais haché	

1 Dans un grand bol, mettre tous les légumes, sauf le chou-fleur. Bien assaisonner, puis incorporer les ¾ de la mayonnaise et 30 ml (2 c. à s.) de crème sure. Ajouter la moitié du jus de citron, bien mélanger et rectifier l'assaisonnement.

2 Disposer la salade sur un lit de feuilles de laitue et creuser un puits au centre.

3 Diviser le chou-fleur en bouquets et le mettre dans un bol. Ajouter les restes de mayonnaise, de crème sure et de jus de citron. Bien assaisonner et mélanger. Ajouter du paprika, du poivre de Cayenne et du persil haché, au goût.

4 Dresser le chou-fleur dans le puits, au centre de la salade, et servir.

Salade de spaghettini aux œufs de saumon
(4 portions)

225 g	spaghettini	½ lb
30 ml	ciboulette fraîche hachée	2 c. à s.
1	échalote sèche, épluchée et hachée	1
15 ml	huile d'olive extra vierge	1 c. à s.
30 ml	œufs de saumon	2 c. à s.
	sel et poivre fraîchement moulu	

1 Faire cuire les pâtes dans de l'eau bouillante salée, jusqu'à ce qu'elles soient *al dente*. Bien égoutter et mettre dans un grand bol.

2 Ajouter la ciboulette, l'échalote et l'huile d'olive. Remuer et bien assaisonner.

3 Servir la salade avec les œufs de saumon.

Salade de moules au vinaigre balsamique
(4 portions)

45 ml	vinaigre balsamique	3 c. à s.
15 ml	moutarde forte	1 c. à s.
1	gousse d'ail, épluchée, écrasée et hachée	1
15 ml	estragon frais haché	1 c. à s.
175 ml	huile d'olive	3/4 tasse
12	crevettes, décortiquées et déveinées	12
12	moules, cuites à la vapeur et décoquillées	12
1	darne de saumon, cuite et émiettée	1
10	haricots verts, parés et cuits	10
10	haricots jaunes, parés et cuits	10
1	poivron jaune grillé, pelé et tranché finement	1
12	olives noires dénoyautées	12
	sel et poivre	
	jus de citron, au goût	
	feuilles de laitue	

1 Dans un petit bol, mettre le vinaigre, la moutarde, l'ail et l'estragon. Bien assaisonner. Incorporer au fouet 135 ml (9 c. à s.) d'huile d'olive. Ajouter le jus de citron, au goût, et réserver.

2 Dans une poêle, à feu moyen, faire chauffer le reste de l'huile. Ajouter les crevettes et poursuivre la cuisson à feu vif, 3 minutes. Bien assaisonner. Mettre les crevettes dans un grand bol.

3 Ajouter aux crevettes les moules cuites et le saumon. Détailler les haricots en morceaux de 2,5 cm (1 po) et les mettre dans le bol. Incorporer le poivron et les olives.

4 Assaisonner généreusement et ajouter la vinaigrette. Bien mélanger et servir sur des feuilles de laitue.

Salade julienne
(4 à 6 portions)

1	petite laitue romaine, lavée et essorée	1
1	laitue Boston, lavée et essorée	1
3	betteraves, bouillies et pelées	3
1	branche de céleri	1
4	oignons verts	4
2	petites tomates, coupées en quartiers	2
15 ml	basilic frais haché	1 c. à s.
15 ml	persil frais haché	1 c. à s.
125 ml	vinaigrette à la moutarde (voir p. 86)	½ tasse
	sel et poivre	

1 Déchiqueter les feuilles des laitues et les disposer dans les assiettes.

2 Couper les betteraves, le céleri et les oignons verts en julienne. Mettre dans un grand bol, ajouter les fines herbes, saler et poivrer. Ajouter la vinaigrette et bien mélanger.

3 Dresser les légumes au milieu de la laitue. Garnir de quartiers de tomates.

4 Parsemer de feuilles de basilic frais, si désiré, et servir immédiatement.

Salade niçoise
(4 à 6 portions)

1	laitue Boston, lavée et essorée	1
225 g	haricots verts, parés et blanchis	½ lb
1	poivron vert, tranché finement	1
1	poivron jaune, tranché finement	1
2	tomates, pelées et coupées en petits quartiers	2
1	petit oignon rouge, épluché et coupé en rondelles	1
175 ml	thon en morceaux	¾ tasse
50 ml	olives noires dénoyautées	¼ tasse
50 ml	vinaigrette de base (voir p. 89)	¼ tasse
5	filets d'anchois, égouttés et hachés	5
3	œufs durs, coupés en quartiers	3
	jus de 1 citron	
	sel et poivre fraîchement moulu	

1 Déchiqueter les feuilles de laitue et les mettre dans un grand bol. Ajouter un peu de jus de citron, remuer et réserver.

2 Mettre les légumes, le thon et les olives dans un autre bol. Bien assaisonner et bien incorporer la vinaigrette.

3 Déposer le mélange sur les feuilles de laitue. Garnir d'anchois et d'œufs durs. Ajouter du jus de citron, au goût, et servir.

Salade de flétan frais
(4 portions)

1	oignon, épluché et tranché	1
1	branche de céleri, tranchée	1
1	carotte, pelée et tranchée	1
1	feuille de laurier	1
3	brins de persil	3
12	grains de poivre noir	12
250 ml	vin blanc sec	1 tasse
700 g	flétan frais	1 ½ lb
	sel et poivre / jus de citron	

1 Verser 1,5 litre (6 tasses) d'eau dans une rôtissoire. Ajouter le reste des ingrédients, sauf le poisson, et porter au point d'ébullition, à feu vif.

2 Baisser le feu à doux et ajouter le flétan. Laisser mijoter 8 à 10 minutes. S'il y a lieu, rectifier le temps de cuisson selon l'épaisseur du poisson. Retirer le poisson cuit du liquide et laisser refroidir.

1	branche de céleri, coupée en dés	1
2	échalotes sèches, épluchées et hachées	2
½	concombre, pelé, épépiné et coupé en dés	½
15 ml	persil frais haché	1 c. à s.
5 ml	ciboulette fraîche hachée	1 c. à t.
45 ml	mayonnaise	3 c. à s.
	flétan frais, cuit	
	quelques gouttes de tabasco	
	sel et poivre / jus de citron	

1 Désosser le flétan soigneusement et défaire la chair. Mettre dans un grand bol. Ajouter les légumes, les fines herbes et les assaisonnements. Mélanger doucement.

2 Bien incorporer la mayonnaise. Ajouter le jus de citron et mélanger. Rectifier l'assaisonnement et ajouter de la mayonnaise, si désiré.

3 Servir la salade sur des feuilles de trévise et garnir de tomates jaunes ou rouges, si désiré.

Salade estivale
(4 à 6 portions)

3	pommes de terre, bouillies et épluchées	3
3	branches de céleri	3
3	tomates, pelées, épépinées et tranchées	3
1	petit oignon rouge, épluché et coupé en rondelles	1
2	œufs durs, tranchés	2
	sel et poivre	
	vinaigrette à la moutarde (voir p. 86)	

1 Couper les pommes de terre et le céleri en julienne. Mettre dans un bol avec les tomates. Bien saler et poivrer.

2 Bien incorporer la vinaigrette. Laisser mariner 30 minutes avant de servir.

3 Décorer de rondelles d'oignon rouge et de tranches d'œufs durs.

Salade chaude de haricots noirs et de pétoncles frits

(4 portions)

2	gousses d'ail, épluchées, écrasées et hachées	2
45 ml	vinaigre de vin	3 c. à s.
15 ml	estragon frais haché	1 c. à s.
60 ml	huile d'olive	4 c. à s.
450 g	pétoncles frais, nettoyés	1 lb
540 ml	haricots noirs en conserve, égouttés et rincés	19 oz
1	laitue Boston, lavée et essorée	1
	sel et poivre	
	poivre de Cayenne, au goût	
	persil frais haché	

1 Dans un bol, mélanger l'ail, le vinaigre, l'estragon et l'huile. Assaisonner généreusement et verser la moitié du mélange dans une poêle. Réserver le reste de la vinaigrette.

2 Faire chauffer la poêle à feu moyen. Lorsque la vinaigrette est chaude, ajouter les pétoncles et faire cuire 1 minute de chaque côté ou rectifier le temps de cuisson selon leur grosseur.

3 Faire chauffer le reste de la vinaigrette dans la poêle. Ajouter les haricots noirs et le poivre de Cayenne ; faire cuire 3 minutes à feu vif. Ajouter les haricots aux pétoncles.

4 Déchiqueter les feuilles de laitue et les mettre dans un grand bol. Ajouter les pétoncles et les haricots noirs, remuer et rectifier l'assaisonnement.

5 Parsemer de persil frais haché et servir.

Salade de homard et de légumes
(6 portions)

1	laitue romaine	1
450 g	chair de homard cuite, hachée	1 lb
350 g	asperges fraîches, cuites et coupées en morceaux de 2,5 cm (1 po)	¾ lb
225 g	champignons frais*, nettoyés, cuits et coupés en deux	½ lb
12	châtaignes d'eau, coupées en deux	12
12	tomates cerises	12
125 ml	mayonnaise	½ tasse
125 ml	sauce ranch (voir p. 95)	½ tasse
45 ml	sauce chili	3 c. à s.
5 ml	moutarde forte	1 c. à t.
	sel et poivre fraîchement moulu	
	jus de citron, au goût	
	tabasco, au goût	

1 Laver la laitue à l'eau froide. Bien l'égoutter et l'essorer. Déchiqueter les feuilles.

2 Dans un grand bol, mettre le homard, les asperges, les champignons, les châtaignes d'eau et les tomates cerises. Bien assaisonner.

3 Ajouter la laitue et mélanger.

4 Mélanger la mayonnaise, les sauces ranch et chili et la moutarde. Ajouter le jus de citron et le tabasco ; bien mélanger.

5 Verser la sauce sur la salade et bien incorporer.

*Voir la cuisson des champignons pour les salades (page 83).

Salade tiède de moules et de pommes de terre
(4 portions)

2 kg	moules, ébarbées et grattées	2¼ lb
2	échalotes sèches, épluchées et hachées	2
125 ml	vin blanc sec	½ tasse
500 ml	pommes de terre bouillies, pelées, coupées en dés et tièdes	2 tasses
½	branche de céleri, coupée en dés	½
15 ml	persil frais haché	1 c. à s.
2	oignons verts, hachés	2
125 ml	mayonnaise	½ tasse
	sel et poivre fraîchement moulu	
	jus de citron, au goût	
	quelques gouttes de tabasco	
	feuilles de laitue	

1 Mettre les moules, les échalotes et le vin dans une grande casserole. Poivrer. Couvrir et porter à ébullition. Faire cuire les moules à feu doux jusqu'à ce que les coquilles s'ouvrent, environ 5 minutes. Remuer une fois pendant la cuisson.

2 Retirer les moules de la casserole, jeter celles qui sont restées fermées. Décoquiller les moules et les mettre dans un grand bol.

3 Ajouter le reste des ingrédients dans le bol et bien assaisonner. Mélanger, servir sur des feuilles de laitue et garnir de tranches de citron.

Salade verte au gruyère
(4 portions)

2	laitues romaines, lavées et essorées	2
2	endives, évidées, lavées et essorées	2
2	œufs durs, tranchés	2
2	filets d'anchois, égouttés et en purée	2
45 ml	vinaigre de vin	3 c. à s.
1	échalote sèche, épluchée et hachée	1
135 ml	huile d'olive	9 c. à s.
3	filets d'anchois, égouttés et hachés	3
250 ml	gruyère râpé	1 tasse
	sel et poivre	
	jus de ½ citron	

1 Déchiqueter les feuilles des laitues et des endives. Les mettre dans un grand bol avec les œufs tranchés. Bien assaisonner.

2 Dans un petit bol, bien mélanger les filets d'anchois en purée, le vinaigre, l'échalote sèche, le sel et le poivre. Incorporer l'huile en fouettant.

3 Verser la vinaigrette sur la salade et mélanger. Ajouter le jus de citron et mélanger de nouveau. Incorporer les filets d'anchois hachés et servir. Parsemer les portions de fromage râpé. Garnir de mâche et de basilic, si désiré.

Salade d'endives, de pommes de terre et de porc
(4 portions)

4	grosses endives	4
4	pommes de terre bouillies, pelées et tranchées	4
90 ml	huile d'olive	6 c. à s.
1	côtelette de porc fumé, tranchée	1
15 ml	moutarde forte	1 c. à s.
1	échalote sèche, épluchée et hachée	1
30 ml	vinaigre balsamique	2 c. à s.
15 ml	persil frais haché	1 c. à s.
	sel et poivre	
	jus de ½ citron	

1 Évider les endives et en détacher les feuilles. Bien laver à l'eau froide, égoutter et bien essorer. Mettre dans un grand bol avec les pommes de terre.

2 Dans une poêle, à feu moyen, faire chauffer quelques gouttes d'huile. Ajouter le porc fumé et faire frire 2 minutes. Mettre le porc dans le bol avec les endives. Saler et poivrer.

3 Dans un petit bol, mélanger la moutarde, le sel, le poivre et l'échalote sèche. Incorporer en fouettant le vinaigre et le reste de l'huile. Ajouter le persil et le jus de citron, mélanger de nouveau.

4 Verser la vinaigrette sur la salade, bien remuer et servir.

Salade d'avocat, d'haricots verts et d'olives

(4 portions)

45 ml	jus de lime	3 c. à s.
60 ml	huile d'olive	4 c. à s.
3	gousses d'ail, blanchies, épluchées et en purée	3
5 ml	graines de céleri	1 c. à t.
1	gros avocat, pelé, dénoyauté et tranché	1
1	petit concombre, pelé, épépiné et coupé en julienne	1
1	poivron vert, coupé en julienne	1
1	poivron rouge, coupé en julienne	1
225 g	haricots verts, parés, cuits et coupés en deux	1/2 lb
125 ml	olives noires dénoyautées	1/2 tasse
1	pincée de cumin	1
1	pincée de sucre	1
	sel et poivre	

1 Dans un bol, mélanger le jus de lime, l'huile, l'ail et les graines de céleri. Ajouter le cumin et le sucre ; bien assaisonner et fouetter.

2 Mettre le reste des ingrédients dans un grand bol. Bien assaisonner. Incorporer la vinaigrette, parsemer de persil frais haché, si désiré, et servir.

Salade romaine au poulet grillé
(4 portions)

2	laitues romaines, lavées et essorées	2
250 ml	croûtons	1 tasse
15 ml	sauce soya	1 c. à s.
15 ml	huile d'olive	1 c. à s.
2	gousses d'ail, blanchies, épluchées et en purée	2
1	poitrine de poulet entière et désossée	1
125 ml	sauce ranch (voir p. 95)	1/2 tasse
125 ml	parmesan râpé	1/2 tasse
	sel et poivre	

1 Déchiqueter les feuilles des laitues et les mettre dans un grand bol. Ajouter les croûtons, bien assaisonner et réserver.

2 Mélanger la sauce soya avec l'huile et l'ail. Retirer la peau du poulet et le couper en deux. Badigeonner la chair du mélange à la sauce soya et bien poivrer.

3 Faire cuire le poulet dans un four préchauffé à gril 10 minutes ou rectifier le temps de cuisson selon la grosseur des morceaux. Retourner une fois pendant la cuisson.

4 Bien incorporer la sauce ranch aux légumes. Disposer dans les assiettes.

5 Trancher en biais le poulet cuit et en garnir la laitue. Parsemer de fromage et servir.

Salade de légumes verts et de carotte râpée
(4 à 6 portions)

1	chicorée	1
1	botte de cresson	1
3	endives, évidées	3
125 ml	sauce ranch (voir p. 95)	½ tasse
375 ml	croûtons à l'ail	1½ tasse
30 ml	parmesan râpé	2 c. à s.
1	grosse carotte, pelée et râpée	1
1	pomme, évidée, pelée et coupée en julienne	1
	sel et poivre	

1 Laver séparément à l'eau froide la chicorée, le cresson et les endives. Bien égoutter et essorer. Déchiqueter les feuilles de chicorée et les mettre dans un grand bol avec le cresson.

2 Ajouter la sauce et bien mélanger pour enrober uniformément la salade. Poivrer et saler ; mélanger de nouveau.

3 Ajouter les croûtons et le fromage, mélanger et disposer dans les assiettes. Garnir de carotte, de pomme et d'endive. Servir.

Salade de chou-fleur et de carottes râpées

(4 à 6 portions)

1	chou-fleur, blanchi	1
2	carottes, pelées et râpées	2
175 ml	mayonnaise	¾ tasse
30 ml	crème sure	2 c. à s.
5 ml	moutarde forte	1 c. à t.
15 ml	persil frais haché	1 c. à s.
1	pincée de paprika	1
	sel et poivre	
	jus de citron, au goût	

1 Séparer le chou-fleur en bouquets et le mettre dans un grand bol. Ajouter les carottes, assaisonner et mélanger.

2 Dans un petit bol, mélanger la mayonnaise, la crème sure et la moutarde. Ajouter à la salade et bien mélanger.

3 Assaisonner de sel, de poivre et de paprika. Ajouter du jus de citron, au goût. Parsemer de persil haché et servir.

Tomates farcies à la salade de crevettes
(4 portions)

4	grosses tomates	4
225 g	crevettes fraîches, cuites, décortiquées, déveinées et hachées finement	½ lb
1	échalote sèche, épluchée et hachée finement	1
15 ml	persil frais haché	1 c. à s.
1	branche de cœur de céleri, hachée finement	1
45 ml	mayonnaise	3 c. à s.
5 ml	moutarde forte	1 c. à t.
1	botte de cresson, lavé et essoré	1
50 ml	vinaigrette à la moutarde (voir p. 86)	¼ tasse
	sel et poivre	
	jus de citron, au goût	

1 Retirer le pédoncule des tomates et découper une calotte. En retirer presque toute la chair, sans percer la paroi, et la réserver pour une utilisation ultérieure. Bien assaisonner l'intérieur des tomates.

2 Dans un bol, mettre les crevettes, l'échalote, le persil et le céleri. Ajouter la mayonnaise et la moutarde ; bien mélanger. Assaisonner et ajouter du jus de citron, au goût.

3 Farcir les tomates de la salade de crevettes. Dresser dans un plat de service ou dans des assiettes. Entourer de cresson ; arroser le cresson de vinaigrette et servir.

Salade de betteraves
(4 portions)

5	grosses betteraves, nettoyées	5
½	oignon rouge, haché finement	½
15 ml	persil frais haché	1 c. à s.
5 ml	estragon frais haché	1 c. à t.
30 ml	moutarde forte	2 c. à s.
1	gousse d'ail, blanchie, épluchée et en purée	1
1	échalote sèche, épluchée et hachée	1
75 ml	crème à 35 %	⅓ tasse
	jus de 1 citron	
	sel et poivre fraîchement moulu	

1 Préchauffer le four à 190 °C (375 °F).

2 Disposer les betteraves dans un plat allant au four. Faire cuire au four 40 minutes. Rectifier le temps de cuisson selon leur grosseur. En vérifier la cuisson en enfonçant un couteau dans la chair. Cette dernière devrait être tendre.

3 Laisser refroidir les betteraves, les peler, puis les trancher. Détailler les tranches en julienne et mettre dans un bol. Assaisonner généreusement. Ajouter l'oignon et les fines herbes.

4 Dans un petit bol, mélanger le reste des ingrédients et bien assaisonner. Verser la vinaigrette sur la salade et mélanger.

5 Servir avec des asperges fraîches. Garnir de quartiers de citron et d'estragon frais, si désiré.

Salade de betteraves et d'endives
(4 à 6 portions)

2	betteraves, bouillies et pelées	2
1	grosse pomme, évidée et pelée	1
3	endives, évidées et lavées	3
2	grosses pommes de terre bouillies, pelées	2
15 ml	persil frais haché	1 c. à s.
15 ml	ciboulette fraîche hachée	1 c. à s.
75 ml	mayonnaise	1/3 tasse
1	pincée de paprika	1
	sel et poivre	

1 Couper les betteraves et la pomme en julienne. Les mettre dans un grand bol.

2 Déchiqueter les feuilles des endives et les mettre dans le bol.

3 Couper les pommes de terre en cubes et les incorporer aux ingrédients de la salade.

4 Ajouter les fines herbes, la mayonnaise et les assaisonnements. Bien mélanger, rectifier l'assaisonnement et servir.

Caviar d'aubergine
(4 portions)

2	aubergines	2
150 ml	huile d'olive	²/₃ tasse
75 ml	vinaigre balsamique	¹/₃ tasse
2 ml	moutarde douce	¹/₂ c. à t.
	sel et poivre fraîchement moulu	
	jus de citron, au goût	
	feuilles de laitue	

1 Préchauffer le four à 180 °C (350 °F).

2 Mettre les aubergines entières dans une rôtissoire. Faire cuire au four 40 minutes. Rectifier le temps de cuisson selon leur grosseur. En vérifier la cuisson en perçant la chair avec un couteau. Celle-ci devrait être molle.

3 Sortir du four les aubergines cuites et laisser refroidir. Peler et jeter la peau. Réduire la chair en purée.

4 Ajouter l'huile, le vinaigre et la moutarde. Bien mélanger et assaisonner généreusement. Ajouter du jus de citron, au goût.

5 Servir le caviar froid sur des feuilles de laitue. Garnir d'endives, si désiré.

Salade d'agneau et de poivrons grillés
(4 à 6 portions)

1	poivron rouge	1
1	poivron jaune	1
450 g	reste d'un rôti d'agneau, coupé en julienne	1 lb
1	branche de céleri, tranchée finement	1
2	œufs durs, coupés en quartiers	2
3	pousses de bambou, tranchées	3
75 ml	sauce ranch (voir p. 95)	1/3 tasse
50 ml	pignons grillés	1/4 tasse
	sel et poivre	
	jus de citron, au goût	

1 Couper les poivrons en deux et les épépiner. Huiler la peau et mettre sur une plaque à biscuits, le côté coupé vers le bas ; faire griller au four 6 minutes. Sortir du four et laisser refroidir. Peler, puis trancher les poivrons. Les mettre dans un grand bol.

2 Ajouter l'agneau, le céleri, les œufs durs et les pousses de bambou. Bien assaisonner et remuer doucement.

3 Bien incorporer la sauce ranch. Ajouter le jus de citron et poivrer. Mélanger de nouveau.

4 Servir sur des feuilles de laitue et parsemer de pignons.

Salade de fruits de mer
(4 portions)

1	laitue Boston, lavée et essorée	1
2	tomates, pelées, épépinées et coupées en dés	2
1	pomme, évidée, pelée et coupée en dés	1
1	concombre, pelé, épépiné et coupé en dés	1
375 ml	chair de crabe cuite	1 1/2 tasse
6	crevettes fraîches, cuites	6
50 ml	mayonnaise	1/4 tasse
30 ml	crème sure	2 c. à s.
15 ml	ciboulette fraîche hachée	1 c. à s.
	sel et poivre	
	jus de 1 citron	

1 Disposer les feuilles de laitue dans les assiettes. Réserver.

2 Dans un bol, mettre les tomates, la pomme, le concombre et la chair de crabe. Peler et déveiner les crevettes cuites, puis les couper en deux. Les ajouter aux ingrédients dans le bol et bien assaisonner.

3 Mélanger le reste des ingrédients dans un petit bol. Ajouter aux fruits de mer et bien mélanger. Assaisonner au goût.

4 Dresser la salade de fruits de mer sur les feuilles de laitue. Accompagner de radis et garnir de quartiers de tomate et de mâche, si désiré.

Salade d'avocats, de pamplemousses et de saumon fumé

(4 portions)

2	pamplemousses	2
2	avocats, dénoyautés, pelés et coupés en dés	2
225 g	saumon fumé, tranché	½ lb
15 ml	moutarde forte	1 c. à s.
50 ml	huile d'olive	¼ tasse
	sel et poivre fraîchement moulu	
	jus de 1 ½ citron	
	feuilles de laitue romaine	

1 Couper une fine tranche à la base et sur le dessus des pample-mousses. Avec un couteau bien ai-guisé, peler les pamplemousses à vif, puis les séparer en quartiers en insérant le couteau entre la chair et la membrane. Mettre dans un bol.

2 Ajouter les avocats et le saumon fumé aux pamplemousses. Saler et poivrer généreusement.

3 Dans un autre bol, mélanger la moutarde, le jus de citron, le sel, le poivre et l'huile. Ajouter de l'huile si la vinaigrette est trop forte.

4 Verser la vinaigrette sur la salade, mélanger doucement et servir sur des feuilles de laitue.

Salade de mâche et de scarole
(4 portions)

1	scarole	1
1	chicorée	1
1	mâche	1
75 ml	crème à 35 %	$^1/_3$ tasse
15 ml	moutarde forte	1 c. à s.
	sel et poivre fraîchement moulu	
	jus de citron, au goût	

1 Laver les salades à l'eau froide et bien les essorer. Déchiqueter les feuilles et les mettre dans un grand bol.

2 Mélanger la crème et la moutarde ; bien assaisonner. Ajouter du jus de citron et verser sur la salade. Remuer et servir.

Salade au roquefort
(4 portions)

2	laitues romaines, lavées et essorées	2
5	tranches de bacon, cuites et croustillantes	5
225 g	roquefort, émietté	½ lb
30 ml	vinaigre de vin	2 c. à s.
75 ml	huile d'olive	⅓ tasse
375 ml	croûtons	1½ tasse
	sel et poivre fraîchement moulu	
	jus de ½ citron	
	quelques gouttes de sauce Worcestershire	

1 Déchiqueter les feuilles des laitues et les mettre dans un grand bol. Assaisonner généreusement. Émietter le bacon et l'ajouter aux laitues.

2 Au robot culinaire, mélanger pendant quelques secondes les ¾ du roquefort, le vinaigre, l'huile, le sel et le poivre. Ajouter le jus de citron et la sauce Worcestershire. Mélanger de nouveau pour bien incorporer.

3 Verser la sauce sur la salade et bien mélanger. Ajouter le reste du fromage et les croûtons. Remuer et servir. Garnir de tomates cerises et de persil, si désiré.

Salade Isabella
(4 à 6 portions)

225 g	champignons frais, nettoyés et tranchés finement	½ lb
2	branches de cœur de céleri	2
2	pommes de terre, bouillies et pelées	2
225 g	haricots verts, parés et cuits	½ lb
3	fonds d'artichauts cuits, coupés en julienne	3
15 ml	persil frais haché	1 c. à s.
	sel et poivre	
	vinaigrette à la moutarde (voir p. 86)	

1 Mettre les champignons dans un grand bol.

2 Trancher les branches de céleri et les pommes de terre en julienne. Les ajouter aux champignons.

3 Détailler les haricots verts en morceaux de 2,5 cm (1 po). Les ajouter aux autres légumes avec les fonds d'artichauts et le persil. Bien assaisonner.

4 Verser la vinaigrette sur la salade et bien mélanger. Servir.

Salade romaine à la vinaigrette tiède au bacon
(4 à 6 portions)

75 ml	huile d'olive	5 c. à s.
5	tranches de bacon, coupées en petits morceaux	5
1	oignon rouge, épluché et coupé en rondelles	1
1	grosse laitue romaine, lavée et essorée	1
12	tomates cerises, coupées en deux	12
2	gousses d'ail, épluchées et émincées finement	2
30 ml	vinaigre balsamique	2 c. à s.
50 ml	parmesan râpé	¼ tasse
	sel et poivre fraîchement moulu	

1 Dans une poêle, à feu moyen, faire chauffer 15 ml (1 c. à s.) d'huile. Y faire cuire le bacon jusqu'à ce qu'il soit croustillant. Le retirer avec une écumoire et réserver.

2 Dans la graisse de bacon chaude, à feu moyen, faire cuire l'oignon rouge 5 minutes. Le retirer avec une écumoire et réserver.

3 Déchiqueter les feuilles de laitue et les mettre dans un grand bol. Ajouter l'oignon rouge et le bacon. Arroser d'un peu de graisse de bacon chaude. Remuer rapidement.

4 Ajouter les tomates, l'ail et le vinaigre ; bien mélanger. Assaisonner généreusement et bien incorporer le reste de l'huile. Ajouter le fromage, remuer et servir.

Salade de pommes de terre aux pommes
(4 à 6 portions)

2	œufs durs	2
15 ml	moutarde forte	1 c. à s.
1	échalote sèche, épluchée et hachée	1
45 ml	vinaigre de vin	3 c. à s.
75 ml	huile d'olive	5 c. à s.
500 ml	pommes de terre cuites, coupées en dés	2 tasses
500 ml	pommes pelées, coupées en dés	2 tasses
3	cornichons, coupés en julienne	3
15 ml	persil frais haché	1 c. à s.
	sel et poivre fraîchement moulu	

1 Trancher les œufs durs en deux et mettre les jaunes dans un bol. Hacher les blancs et réserver.

2 Écraser les jaunes avec une cuillère. Incorporer la moutarde, l'échalote et le vinaigre, puis ajouter l'huile. Bien mélanger. Saler et poivrer.

3 Mettre les pommes de terre, les pommes et les cornichons dans un autre bol. Bien incorporer la sauce aux œufs. Ajouter le persil, assaisonner généreusement et mélanger de nouveau.

4 Servir la salade sur des feuilles de laitue. Garnir des blancs d'œufs hachés.

Salade tiède de pétoncles et de crevettes
(4 portions)

4	gousses d'ail, épluchées, écrasées et en purée	4
2	filets d'anchois, égouttés et en purée	2
75 ml	huile d'olive	⅓ tasse
12	crevettes fraîches, décortiquées, déveinées et coupées en deux	12
250 ml	croûtons	1 tasse
12	gros pétoncles frais, nettoyés et coupés en deux	12
1	grosse laitue romaine, lavée et essorée	1
45 ml	parmesan râpé	3 c. à s.
	jus de 1 citron	
	sel et poivre	

1 Dans un bol, bien mélanger la moitié de l'ail en purée et les anchois. Ajouter le jus de citron et mélanger. Incorporer la moitié de l'huile, assaisonner et bien mélanger. Réserver.

2 Faire chauffer le reste de l'huile dans une poêle, à feu moyen. Ajouter les crevettes et les croûtons ; faire revenir 2 minutes. Ajouter les pétoncles et le reste de l'ail ; poursuivre la cuisson 3 minutes.

3 Entre-temps, déchiqueter les feuilles de laitue et les mettre dans un grand bol. Ajouter le mélange aux crevettes et aux pétoncles. Arroser de vinaigrette au citron et bien mélanger.

4 Assaisonner, parsemer de fromage et servir.

Salade d'agrumes aux avocats
(4 portions)

2	gros avocats mûrs	2
2	gros pamplemousses	2
3	oranges	3
75 ml	crème à 35 %	1/3 tasse
15 ml	crème sure	1 c. à s.
5 ml	moutarde forte	1 c. à t.
	jus de 1/2 citron	
	sel et poivre blanc	
	poivre de Cayenne, au goût	
	feuilles de menthe fraîche	

1 Couper les avocats en deux, dans le sens de la longueur. Les séparer en moitiés et les dénoyauter. Les peler, trancher la chair et la mettre dans un bol.

2 Couper une fine tranche à la base et sur le dessus des pamplemousses et des oranges. Avec un couteau bien aiguisé, peler les fruits à vif, puis les séparer en quartiers en insérant le couteau entre la chair et la membrane. Ajouter aux avocats.

3 Mélanger la crème à 35 % et la crème sure. Incorporer la moutarde et le jus de citron. Assaisonner de sel, de poivre et de poivre de Cayenne.

4 Arroser la salade de sauce et bien mélanger. Garnir les portions de feuilles de menthe fraîche et servir.

Salade de tomates et d'oignon rouge marinés
(4 portions)

1	poivron jaune	1
4	grosses tomates	4
1	oignon rouge, épluché et tranché très finement	1
5 ml	gingembre frais haché	1 c. à t.
1 ml	gingembre en poudre	1/4 c. à t.
2	gousses d'ail, épluchées et tranchées finement	2
	sel et poivre fraîchement moulu	
	jus de citron	
	piment fort haché, au goût	

1 Couper le poivron en deux et l'épépiner. Huiler la peau et le mettre sur un plaque à biscuits, le côté coupé vers le bas ; faire griller au four 6 minutes. Sortir du four et laisser refroidir. Peler, trancher et réserver.

2 Plonger les tomates dans une casserole remplie d'eau bouillante. Les retirer après 1 minute ou dès que la peau commence à se détacher. Laisser refroidir un peu et peler. Couper en quartiers et presser pour en extraire les graines.

3 Mettre les tomates dans un bol et ajouter l'oignon ; bien assaisonner. Remuer et réserver.

4 Dans un petit bol, mélanger le jus de citron, le gingembre frais et en poudre et l'ail. Ajouter le piment fort et bien mélanger.

5 Bien incorporer aux tomates. Laisser mariner 2 heures à la température ambiante.

6 Servir la salade marinée avec des tranches de poivron grillé.

Salade de fenouil

(4 portions)

1	gros bulbe de fenouil	1
60 ml	huile d'olive	4 c. à s.
6	cœurs d'artichauts cuits, coupés en deux	6
45 ml	jus de citron	3 c. à s.
	sel et poivre fraîchement moulu	

1 Détacher les feuilles et les tiges du bulbe de fenouil. Le couper en deux et l'éplucher. Couper chaque moitié en trois dans le sens de la longueur.

2 Mettre le fenouil dans une casserole et y verser suffisamment d'eau pour le couvrir à peine. Ajouter 15 ml (1 c. à s.) d'huile et saler. Couvrir et faire cuire à feu doux 30 minutes ou jusqu'à ce qu'il soit cuit. Retirer la casserole du feu et laisser le fenouil refroidir.

3 Disposer le fenouil et les cœurs d'artichauts dans un plat de service. Mélanger le jus de citron et le reste de l'huile et bien assaisonner. Verser sur la salade. Garnir de feuilles d'épinards, de tomates cerises et de fenouil frais, si désiré.

Salade printanière, sauce au citron
(4 à 6 portions)

1	laitue romaine, lavée et essorée	1
1	laitue en feuilles, lavée et essorée	1
225 g	champignons frais*, nettoyés, tranchés et blanchis	½ lb
350 g	asperges fraîches, cuites et coupées en morceaux de 2,5 cm (1 po)	¾ lb
12	radis, lavés et coupés en quartiers	12
50 ml	crème à 35 %	¼ tasse
30 ml	mayonnaise	2 c. à s.
2 ml	moutarde forte	½ c. à t.
5 ml	zeste de citron râpé	1 c. à t.
	sel et poivre	
	jus de 1 citron	

1 Déchiqueter les feuilles de laitue et les mettre dans un grand bol. Ajouter les champignons, les asperges et les radis. Bien assaisonner.

2 Dans un petit bol, mélanger la crème, la mayonnaise et la moutarde. Bien assaisonner. Ajouter le zeste et le jus de citron ; mélanger de nouveau.

3 Verser la sauce sur la salade et mélanger. Rectifier l'assaisonnement, garnir de tranches d'œufs durs, si désiré, et servir.

*Utilisez les champignons de saison : champignons de Paris, pleurotes, portobellos, etc.

Salade russe
(4 à 6 portions)

3	carottes, pelées et coupées en dés	3
3	pommes de terre, pelées et coupées en dés	3
1	petit navet, pelé et coupé en dés	1
250 ml	petits pois surgelés	1 tasse
225 g	haricots verts, parés	½ lb
250 ml	mayonnaise	1 tasse
15 ml	persil frais haché	1 c. à s.
15 ml	ciboulette fraîche hachée	1 c. à s.
	sel et poivre	
	jus de citron, au goût	
	quelques gouttes de sauce de piment	

1 Faire cuire tous les légumes dans de l'eau bouillante salée, jusqu'à ce qu'ils soient tendres. Bien égoutter et mettre dans un bol.

2 Bien assaisonner les légumes et incorporer la mayonnaise. Ajouter le jus de citron et bien mélanger.

3 Ajouter les fines herbes et la sauce de piment. Mélanger et rectifier l'assaisonnement.

4 Faire refroidir la salade avant de la servir.

Salade César
(4 à 6 portions)

2	grosses laitues romaines	2
1	gousse d'ail, épluchée et coupée en deux	1
2	gousses d'ail blanchies, épluchées et en purée	2
6	filets d'anchois, égouttés et en purée	6
60 ml	huile d'olive	4 c. à s.
1	gros œuf, mollet	1
375 ml	croûtons	1 ½ tasse
125 ml	parmesan râpé	½ tasse
	jus de 2 citrons	
	sel et poivre fraîchement râpé	

1 Diviser les laitues en feuilles et bien les laver à l'eau froide. Égoutter et bien essorer. Déchiqueter et réserver.

2 Avec les demi-gousses d'ail, frotter l'intérieur d'un bol en bois. Jeter l'ail.

3 Mettre la purée d'ail dans le bol. Ajouter les anchois et mélanger. Incorporer l'huile. Ajouter le jus de citron, assaisonner et bien mélanger. Avec un fouet, ajouter l'œuf mollet (cuit dans l'eau bouillante de 4 à 5 minutes).

4 Mettre les laitues dans le bol. Remuer pour bien les enrober de sauce, bien assaisonner et remuer de nouveau.

5 Ajouter les croûtons et le fromage. Remuer, assaisonner et servir.

Salade de crevettes et de concombre

(4 portions)

350 g	crevettes fraîches	¾ lb
I	laitue Boston, lavée et essorée	I
I	gros concombre, pelé, épépiné et tranché	I
15 ml	ciboulette fraîche hachée	1 c. à s.
I	échalote sèche, épluchée et hachée	I
60 ml	huile d'olive extra vierge	4 c. à s.
5 ml	piment fort haché	1 c. à t.
	sel et poivre	

1 Mettre les crevettes dans une casserole remplie d'eau froide et porter à ébullition. Retirer la casserole du feu et laisser les crevettes reposer 3 minutes. Mettre la casserole sous l'eau froide pour arrêter la cuisson. Égoutter les crevettes, les décortiquer et les déveiner.

2 Garnir les assiettes de feuilles de laitue.

3 Mettre les crevettes dans un grand bol. Ajouter le reste des ingrédients et bien mélanger. Assaisonner au goût et servir sur la laitue.

Salade de laitue et de carottes au chèvre
(4 portions)

1	laitue romaine, lavée et essorée	1
2	carottes, pelées et râpées	2
1	pomme, évidée, pelée et coupée en gros dés	1
30 ml	huile d'olive	2 c. à s.
90 g	fromage de chèvre	3 oz
	jus de 1 ½ citron	
	sel et poivre	

1 Déchiqueter les feuilles de laitue et les mettre dans un bol. Ajouter les carottes et la pomme. Arroser du jus de citron et bien mélanger.

2 Assaisonner généreusement et ajouter l'huile ; mélanger de nouveau. Ajouter le chèvre, mélanger doucement et servir.

3 Accompagner de pain à l'ail, si désiré.

Salade de concombres et d'œufs
(4 à 6 portions)

3	concombres, tranchés	3
15 ml	persil frais haché	1 c. à s.
2	œufs durs, hachés	2
	sel	
	huile d'olive et vinaigre de vin, au goût	
	poivre fraîchement moulu	
	feuilles de trévise (facultatif)	

1 Étaler les tranches des concombres dans un grand plat de service. Saler généreusement et laisser reposer 2 heures à la température ambiante. Rincer à l'eau froide et bien égoutter.

2 Disposer les concombres dans un plat de service profond. Ajouter l'huile et le vinaigre. Parsemer de persil et poivrer.

3 Garnir le centre du plat de feuilles de trévise et d'œufs durs.

Salade d'avocats aux graines de sésame

(4 portions)

30 ml	vinaigre de vin	2 c. à s.
15 ml	moutarde forte	1 c. à s.
90 ml	huile d'olive	6 c. à s.
2	gousses d'ail, épluchées et coupées en deux	2
2	gros avocats	2
30 ml	graines de sésame grillées	2 c. à s.
	jus de citron	
	laitue rouge en feuilles	

1 Mettre le vinaigre et la moutarde dans un bol. Bien assaisonner et ajouter l'huile. Fouetter. Ajouter l'ail et laisser reposer 15 minutes.

2 Entre-temps, couper les avocats en deux, dans le sens de la longueur. Séparer en moitiés et dénoyauter. Les peler, puis trancher la chair. L'enduire de jus de citron et la disposer sur les feuilles de laitue.

3 Retirer l'ail de la vinaigrette et le jeter. En fouettant, incorporer les graines de sésame grillées, puis verser sur les avocats. Garnir de feuilles de trévise et de champignons, si désiré.

Salade rapide de lentilles et de haricots blancs
(4 à 6 portions)

1	poivron rouge	1
125 ml	haricots blancs en conserve, égouttés	1/2 tasse
125 ml	lentilles en conserve, égouttées	1/2 tasse
1/2	oignon rouge, tranché finement	1/2
45 ml	vinaigre de vin rouge	3 c. à s.
60 ml	huile d'olive	4 c. à s.
15 ml	estragon frais haché	1 c. à s.
	sel et poivre	

1 Couper le poivron en deux et l'épépiner. Huiler la peau et mettre sur une plaque à biscuits, le côté coupé vers le bas ; faire griller au four 6 minutes. Sortir du four et laisser refroidir. Peler, trancher et mettre dans un grand bol. Éliminer la graisse.

2 Ajouter les haricots, les lentilles et l'oignon rouge. Bien mélanger.

3 Bien incorporer le reste des ingrédients. Laisser mariner 30 minutes à la température ambiante.

4 Ajouter plus d'huile ou de vinaigre, si désiré, avant de servir.

Salade chaude de lentilles, sauce au bacon

(4 à 6 portions)

15 ml	huile d'olive	1 c. à s.
5	tranches de bacon, coupées en petits morceaux	5
½	oignon rouge, grossièrement haché	½
2	tomates, pelées, épépinées et hachées (voir p. 7)	2
1	gousse d'ail, épluchée et tranchée	1
45 ml	vinaigre de vin	3 c. à s.
500 ml	lentilles cuites, tièdes	2 tasses
15 ml	basilic frais haché	1 c. à s.
45 ml	huile d'olive	3 c. à s.
	sel et poivre	

1 Faire chauffer l'huile dans une poêle, à feu moyen. Ajouter le bacon et l'oignon; faire cuire jusqu'à ce que le bacon soit croustillant. Verser le contenu de la poêle dans un bol. Éliminer la graisse.

2 Mettre les tomates et l'ail dans la poêle chaude. Poursuivre la cuisson 3 minutes, à feu moyen. Incorporer le vinaigre et faire cuire 1 minute, à feu vif.

3 Ajouter les lentilles dans le bol contenant le bacon et l'oignon. Bien incorporer la sauce chaude. Ajouter le reste des ingrédients et mélanger de nouveau.

4 Rectifier l'assaisonnement et servir avec du pain à l'ail et au fromage, si désiré.

Salade de crevettes, de pois mange-tout et de légumes verts

(4 portions)

15 ml	sauce soya	1 c. à s.
30 ml	vin blanc sec	2 c. à s.
5 ml	huile de sésame	1 c. à t.
1	gousses d'ail, épluchée, écrasée et hachée	1
30 ml	huile d'olive	2 c. à s.
16	crevettes, décortiquées et déveinées	16
2	gousses d'ail, épluchées et émincées finement	2
150 g	pois mange-tout, parés	1/3 lb
1	petite trévise, lavée et essorée	1
1	petite botte de cresson, lavé et essoré	1
3	endives, évidées, lavées et essorées	3
1	pincée de sucre	1
	sel et poivre	

1 Mélanger la sauce soya avec le vin blanc et l'huile de sésame. Ajouter l'ail haché et la pincée de sucre. Mélanger et réserver.

2 Dans une poêle, à feu moyen, faire chauffer l'huile d'olive. Ajouter les crevettes et l'ail émincé ; bien assaisonner. Faire cuire 3 minutes, à feu vif, en remuant une fois. Retirer les crevettes de la poêle et réserver dans un grand bol.

3 Mettre les pois mange-tout dans la poêle chaude et bien assaisonner. Faire cuire 3 minutes, à feu vif ; les ajouter aux crevettes.

4 Dans le bol, ajouter les feuilles de trévise, le cresson et les endives. Assaisonner généreusement et arroser de la sauce au soya. Remuer et servir avec du pain à l'ail, si désiré.

Salade estivale de légumes
(4 à 6 portions)

1	petit brocoli, en bouquets	1
1	petit chou-fleur, en bouquets	1
225 g	haricots verts, parés	1/2 lb
1	botte d'asperges, parées	1
1	carotte, pelée et tranchée	1
75 ml	mayonnaise	1/3 tasse
50 ml	sauce ranch (voir p. 95)	1/4 tasse
10	tranches de salami, coupées en julienne	10
15 ml	basilic frais haché	1 c. à s.
15 ml	estragon frais haché	1 c. à s.
	sel et poivre	

1 Blanchir les légumes individuellement, dans de l'eau bouillante salée, jusqu'à ce qu'ils soient tendres. Bien égoutter.

2 Mettre les légumes blanchis dans un grand bol et bien assaisonner. Ajouter la mayonnaise et la sauce ranch ; bien mélanger.

3 Ajouter le salami et les fines herbes. Mélanger légèrement et servir.

Salade de crevettes et de litchis

(4 portions)

675 g	crevettes fraîches, cuites, décortiquées et déveinées	1 ½ lb
2	avocats, pelés, dénoyautés et tranchés	2
250 ml	litchis	1 tasse
2	gousses d'ail, épluchées et tranchées	2
30 ml	jus de citron	2 c. à s.
30 ml	vinaigre à l'estragon	2 c. à s.
105 ml	huile d'olive	7 c. à s.
15 ml	sauce chili	1 c. à s.
1	pincée de sucre	1
1	pincée de moutarde en poudre	1
1	pincée de paprika	1
	feuilles de laitue	
	sel et poivre fraîchement moulu	
	quartiers de citron	

1 Disposer les feuilles de laitue dans un plat de service. Garnir des crevettes et des tranches d'avocats. Couvrir de litchis. Bien assaisonner.

2 Dans un petit bol, bien mélanger l'ail, le jus de citron, le vinaigre, l'huile et la sauce chili. Ajouter tous les assaisonnements et mélanger de nouveau.

3 Verser la sauce sur les crevettes et les avocats. Garnir de quartiers de citron et servir.

Salade de thon

(4 à 6 portions)

350 g	thon frais, poché et défait	¾ lb
I	petit concombre, pelé, épépiné et coupé en dés	I
I	branche de céleri, coupée en dés	I
3	oignons verts, hachés	3
60 ml	piments doux rôtis, hachés	4 c. à s.
2	tomates, pelées, épépinées et hachées	2
60 ml	mayonnaise	4 c. à s.
15 ml	moutarde forte	1 c. à s.
15 ml	persil frais haché	1 c. à s.
4	œufs durs, coupés en quartiers	4
	sel et poivre	
	jus de 1 citron	
	feuilles de laitue	

1 Dans un bol, mettre le thon, le concombre, le céleri, les oignons verts, les piments doux rôtis et les tomates. Saler et poivrer.

2 Dans un autre bol, mélanger la mayonnaise et la moutarde. Ajouter à la salade et bien mélanger.

3 Ajouter le persil et le jus de citron ; mélanger de nouveau. Rectifier l'assaisonnement et servir sur des feuilles de laitue. Garnir de quartiers d'œufs durs.

Salade tiède de pommes de terre et de concombres au brie

(4 portions)

2	concombres, pelés, épépinés et tranchés	2
2	grosses pommes de terre	2
1/2	oignon rouge, coupé en rondelles	1/2
1	petite laitue romaine, lavée et essorée	1
45 ml	vinaigre de vin rouge	3 c. à s.
15 ml	persil frais haché	1 c. à s.
15 ml	ciboulette fraîche hachée	1 c. à s.
60 ml	huile d'olive	4 c. à s.
10	petites tranches de brie	10
	sel et poivre	

1 Étaler les tranches des concombres sur un grand plateau. Saler et laisser dégorger 30 minutes à la température ambiante. Égoutter, rincer à l'eau froide et égoutter de nouveau.

2 Entre-temps, faire cuire les pommes de terre. Les peler, les trancher et les mettre dans un grand bol.

3 Ajouter les concombres et l'oignon. Déchiqueter les feuilles de laitue et les ajouter aux légumes dans le bol. Bien assaisonner.

4 Arroser de vinaigre et parsemer de fines herbes. Remuer, puis incorporer l'huile. Rectifier l'assaisonnement et garnir les portions de brie.

Salade de poulet aux fruits tropicaux
(4 à 6 portions)

1	ananas	1
1	orange	1
1	pamplemousse	1
1	épaisse tranche de melon d'eau, coupée en dés	1
2	poitrines de poulet entières, cuites* et tranchées	2
50 ml	mayonnaise	¼ tasse
30 ml	crème sure	2 c. à s.
1	pincée de paprika et de poivre de Cayenne	1
	sel et poivre fraîchement moulu	

1 Pour préparer l'ananas, trancher l'extrémité supérieure du fruit. Couper l'ananas en quartiers, dans le sens de la longueur. Retirer le cœur de chaque quartier et le jeter. Enlever l'écorce et couper la chair en dés.

2 Couper de fines tranches à la base et sur le dessus de l'orange et du pamplemousse. Avec un couteau bien aiguisé, les peler à vif, puis les séparer en quartiers en insérant le couteau entre la chair et la membrane.

3 Mélanger tous les ingrédients dans un bol. Couvrir et laisser mariner 1 heure au réfrigérateur.

4 Servir sur des feuilles de laitue romaine et garnir de tranches de lime et d'orange, si désiré.

*Faire griller le poulet au barbecue ou au four, sous le gril.

Salade de poivrons et de pois chiches épicée
(4 à 6 portions)

1	poivron rouge	1
1	poivron jaune	1
1	poivron vert	1
250 ml	pois chiches en conserve, égouttés	1 tasse
2	gousses d'ail, épluchées et tranchées finement	2
15 ml	vinaigre de vin	1 c. à s.
45 ml	huile d'olive	3 c. à s.
	sel et poivre fraîchement moulu	
	piments forts écrasés, au goût	
	jus de 1 citron	

1 Couper les poivrons en deux et les épépiner. Badigeonner la peau d'huile et les mettre sur une plaque à biscuits, le côté coupé vers le bas ; faire griller au four, 6 minutes. Sortir du four et laisser refroidir. Peler les poivrons, trancher la chair et mettre dans un grand bol.

2 Ajouter les pois chiches et bien assaisonner. Bien incorporer le reste des ingrédients. Laisser mariner 30 minutes avant de servir.

Salade de tomates classique
(4 à 6 portions)

5	tomates	5
2	échalotes sèches, épluchées et hachées finement	2
15 ml	persil frais haché	1 c. à s.
	huile d'olive et vinaigre de vin rouge, au goût	
	sel et poivre fraîchement moulu	

1 Retirer le pédoncule des tomates, les couper en quartiers et les mettre dans un grand plat de service. Saler et poivrer généreusement.

2 Parsemer d'échalotes et de persil. Ajouter l'huile et le vinaigre, au goût ; bien mélanger. Rectifier l'assaisonnement et laisser mariner 30 minutes à la température ambiante. Ajouter de l'huile et du vinaigre, s'il y a lieu.

3 Servir à la température ambiante

Salade de bifteck et de haricots blancs
(4 portions)

30 ml	vinaigre de vin rouge	2 c. à s.
15 ml	moutarde forte	1 c. à s.
1	gousse d'ail, épluchée, écrasée et hachée	1
15 ml	estragon frais haché	1 c. à s.
125 ml	huile d'olive	½ tasse
225 g	reste de surlonge cuit, en tranches de 1 cm (½ po) d'épaisseur	½ lb
375 ml	haricots blancs cuits	1 ½ tasse
1	laitue rouge en feuilles, lavée et essorée	1
2	œufs durs, tranchés	2
	sel et poivre	
	persil frais haché	

1 Dans un petit bol, mélanger le vinaigre, la moutarde, le sel et le poivre. Incorporer au fouet l'ail, l'estragon et l'huile.

2 Mettre le surlonge et les haricots blancs dans un autre bol. Assaisonner généreusement et napper de vinaigrette. Bien mélanger, couvrir et laisser mariner 1 heure au réfrigérateur.

3 Pour servir, disposer les tranches de surlonge et les haricots blancs sur un lit de feuilles de laitue. Garnir d'œufs durs et parsemer de persil frais haché.

Salade de riz aux raisins secs et aux pignons grillés
(6 à 8 portions)

500 ml	riz blanc, cuit à la vapeur	2 tasses
125 ml	olives noires dénoyautées, hachées	½ tasse
50 ml	piments doux rôtis, coupés en dés	¼ tasse
125 ml	petits pois cuits	½ tasse
125 ml	céleri tranché	½ tasse
125 ml	raisins secs dorés, sans pépins	½ tasse
125 ml	pignons grillés	½ tasse
125 ml	vinaigrette de base (voir p. 89)	½ tasse
4	œufs durs	4
75 ml	mayonnaise	⅓ tasse
	sel et poivre	
	poivre de Cayenne	
	jus de citron	
	brins de persil frais	

1 Dans un grand bol, mettre le riz, les olives, les piments doux rôtis et les petits pois. Ajouter le céleri, les raisins secs et les pignons.

2 Assaisonner généreusement de sel, de poivre et de poivre de Cayenne. Arroser de vinaigrette et bien mélanger. Incorporer du jus de citron, au goût.

3 Disposer la salade de riz dans les assiettes. Trancher les œufs durs et en garnir la salade, de sorte que les tranches se chevauchent. Ajouter des cuillerées de mayonnaise. Garnir de brins de persil et servir.

Salade chaude de poulet, à la vinaigrette aux framboises
(4 portions)

1	grosse laitue romaine, lavée et essorée	1
1	trévise, lavée et essorée	1
50 ml	huile d'olive	$\frac{1}{4}$ tasse
2	gousses d'ail, épluchées, écrasées et hachées	2
2	échalotes sèches, épluchées et hachées	2
1	poitrine de poulet entière, cuite et émincée finement	1
30 ml	vinaigre de vin aromatisé aux framboises	2 c. à s.
375 ml	croûtons	1 $\frac{1}{2}$ tasse
50 ml	pignons grillés	$\frac{1}{4}$ tasse
15 ml	basilic frais haché	1 c. à s.
15 ml	persil frais haché	1 c. à s.
	sel et poivre	
	jus de citron, au goût	

1 Déchiqueter les feuilles des laitues et les disposer dans un plat de service.

2 Dans une poêle, à feu moyen, faire chauffer 30 ml (2 c. à s.) d'huile. Ajouter l'ail, les échalotes et le poulet. Assaisonner et faire cuire 2 minutes, à feu vif.

3 Ajouter le vinaigre, bien mélanger et faire cuire 1 minute, à feu doux. Disposer sur les laitues.

4 Faire chauffer le reste de l'huile dans la poêle. Ajouter les croûtons, les pignons et les fines herbes. Faire cuire 2 minutes, à feu vif. Ajouter à la salade.

5 Bien assaisonner la salade et l'arroser de jus de citron. Servir.

Céleri en rémoulade
(4 portions)

1	céleri-rave	1
125 ml	mayonnaise	½ tasse
75 ml	yogourt nature	⅓ tasse
5 ml	moutarde forte	1 c. à t.
15 ml	persil frais haché	1 c. à s.
5 ml	basilic	1 c. à t.
1	cornichon, coupé en julienne	1
30 ml	câpres	2 c. à s.
	sel et poivre	

1 Blanchir le céleri-rave dans de l'eau bouillante salée 6 minutes ou selon la grosseur. Retirer le céleri-rave, le peler et le couper en fine julienne.

2 Mettre le céleri-rave dans un bol avec les autres ingrédients. Mélanger et rectifier l'assaisonnement.

3 Servir sur une salade de votre choix (laitue, mâche, endive, etc.) et accompagner de salami italien, si désiré.

Salade de chou-fleur et d'avocat
(4 à 6 portions)

1	chou-fleur	1
3	betteraves, cuites, pelées et tranchées	3
1	avocat, pelé, coupé en deux, dénoyauté et tranché	1
	sel et poivre	
	vinaigrette à la tomate (voir p. 90)	

1 Laver le chou-fleur et retirer les feuilles et la tige. Le faire blanchir 5 minutes, le trognon vers le bas, dans une casserole remplie d'eau bouillante salée. Égoutter et faire refroidir sous l'eau froide.

2 Diviser le chou-fleur en bouquets et les mettre dans un bol à salade. Ajouter les betteraves et l'avocat ; bien assaisonner.

3 Arroser de vinaigrette et bien mélanger. Laisser mariner 30 minutes à la température ambiante avant de servir.

Salade bretonne
(4 à 6 portions)

2	courgettes	2
3	grosses tomates	3
4	fonds d'artichauts cuits, tranchés	4
225 g	crevettes fraîches, décortiquées, déveinées et cuites	½ lb
2	œufs durs, tranchés	2
	sel et poivre fraîchement moulu	
	vinaigrette à la moutarde (voir p. 86)	
	feuilles de laitue	

1 Couper les courgettes en tranches de 1 cm (½ po) d'épaisseur. faire cuire 2 minutes dans de l'eau bouillante salée. Retirer de l'eau avec une écumoire et égoutter. Éponger avec du papier absorbant.

2 Plonger les tomates dans de l'eau bouillante et les y laisser juste assez pour que la peau se détache. Retirer, laisser refroidir et peler. Couper la chair en quartiers.

3 Mettre tous les légumes et les crevettes dans un grand bol ; bien assaisonner. Arroser de vinaigrette et bien mélanger. Rectifier l'assaisonnement.

4 Servir sur des feuilles de laitue et garnir de tranches d'œufs durs.

Salade pique-nique
(4 à 6 portions)

2	pommes de terre, bouillies, pelées et coupées en dés	2
375 ml	haricots blancs, cuits	1½ tasse
125 ml	olives noires dénoyautées	½ tasse
2	gousses d'ail, épluchées, écrasées et hachées	2
15 ml	vinaigre de vin	1 c. à s.
60 ml	huile d'olive	4 c. à s.
175 ml	thon en conserve, égoutté et émietté	¾ tasse
15 ml	basilic frais haché	1 c. à s.
15 ml	persil frais haché	1 c. à s.
	sel et poivre fraîchement moulu	
	jus de 1 citron	
	trévise, lavée et essorée	

1 Dans un grand bol, mettre les pommes de terre, les haricots blancs, les olives et l'ail. Assaisonner généreusement. Arroser du jus de citron et du vinaigre ; bien mélanger.

2 Ajouter l'huile et bien mélanger. Ajouter le thon et les fines herbes ; mélanger de nouveau. Rectifier l'assaisonnement et servir sur un lit de trévise.

Salade de concombres et de bocconcini

(4 à 6 portions)

3	concombres, pelés, épépinés et coupés en dés	3
225 g	bocconcini, coupés en cubes	½ lb
3	oignons verts, hachés	3
12	radis, lavés et tranchés	12
175 ml	crème sure	¾ tasse
15 ml	vinaigre aromatisé à l'estragon	1 c. à s.
30 ml	cornichons à l'aneth, hachés	2 c. à s.
5 ml	moutarde forte	1 c. à t.
2	gousses d'ail, blanchies, épluchées et en purée	2
15 ml	huile d'olive extra vierge	1 c. à s.
1	pincée de paprika	1
	sel et poivre	

1 Étaler les concombres dans un grand plat de service. Saler et laisser dégorger 30 minutes, à la température ambiante. Égoutter, rincer à l'eau froide et égoutter de nouveau.

2 Dans un bol, mettre les concombres, le fromage, les oignons verts et les radis. Bien assaisonner, couvrir et laisser 1 heure au réfrigérateur.

3 Dans un petit bol, mélanger le reste des ingrédients. Bien incorporer à la salade. Rectifier l'assaisonnement et servir.

Salade de pâtes méditerranéenne
(4 à 6 portions)

3	gousses d'ail, blanchies, épluchées et en purée	3
15 ml	moutarde forte	1 c. à s.
30 ml	vinaigre balsamique	2 c. à s.
90 ml	huile d'olive	6 c. à s.
350 g	pâtes, cuites	¾ lb
50 ml	tomates séchées, hachées	¼ tasse
4	cœurs d'artichauts, coupés en quartiers	4
250 ml	haricots blancs cuits	1 tasse
12	tranches de salami italien, coupées en julienne	12
90 g	mozzarella, coupée en dés	3 oz
	sel et poivre fraîchement moulu	
	fines herbes fraîches, hachées	

1 Mettre l'ail et la moutarde dans un petit bol ; bien assaisonner. Arroser de vinaigre et bien mélanger. Incorporer l'huile au fouet et rectifier l'assaisonnement.

2 Dans un grand bol, mettre les pâtes, les tomates séchées, les cœurs d'artichauts et les haricots blancs. Bien incorporer la vinaigrette. Assaisonner généreusement.

3 Ajouter le salami et le fromage ; mélanger. Parsemer de fines herbes hachées et servir.

Salade de pois chiches et de salami en julienne
(4 à 6 portions)

500 ml	pois chiches en conserve, égouttés	2 tasses
5	tranches de salami, coupées en julienne	5
125 ml	olives noires dénoyautées	½ tasse
½	poivron vert, tranché finement	½
2	oignons verts, hachés	2
50 ml	piments doux rôtis, hachés	¼ tasse
15 ml	huile d'olive	1 c. à s.
	sel et poivre	
	quelques gouttes de tabasco	
	jus de 1 gros citron	

1 Dans un grand bol, mettre tous les ingrédients, sauf l'huile et le jus de citron.

2 Incorporer l'huile et le jus de citron. Rectifier l'assaisonnement, couvrir et laisser mariner 2 heures au réfrigérateur.

3 Servir sur des feuilles de laitue. Garnir de tranches de citron et de sauge fraîche, si désiré.

Salade mixte chaude
(4 portions)

1	laitue romaine, lavée et essorée	1
1	scarole, lavée et essorée	1
15 ml	huile d'olive	1 c. à s.
5	tranches de bacon	5
1	oignon rouge, épluché et coupé en rondelles	1
1	poivron rouge, tranché finement	1
2	tomates, pelées, épépinées et coupées en cubes	2
2	gousses d'ail, épluchées et tranchées finement	2
45 ml	ketchup	3 c. à s.
15 ml	moutarde forte	1 c. à s.
	sel et poivre fraîchement moulu	
	quelques gouttes de sauce de piment	
	jus de 1 citron	

1 Déchiqueter les feuilles des laitues et les mettre dans un grand bol.

2 Faire chauffer l'huile dans une poêle, à feu moyen. Y faire cuire le bacon jusqu'à ce qu'il soit croustillant. Retirer le bacon et l'égoutter sur du papier absorbant.

3 Dans la poêle, à feu vif, faire cuire l'oignon 4 minutes. Ajouter le poivron, les tomates et l'ail ; poursuivre la cuisson 2 minutes.

4 Verser les légumes chauds sur les laitues et remuer rapidement. Émietter le bacon et en parsemer la salade.

5 Mélanger le ketchup et la moutarde. Ajouter la sauce de piment et le jus de citron. Verser sur la salade, remuer et servir.

Salade tiède de foies de poulet
(4 portions)

1	grosse laitue en feuilles, lavée et essorée	1
75 ml	huile d'olive	1/3 tasse
3	tranches de bacon, coupées en petits morceaux	3
225 g	foies de poulet, parés et tranchés	1/2 lb
2	gousses d'ail, épluchées, écrasées et hachées	2
2	échalotes sèches, épluchées et hachées	2
30 ml	vinaigre balsamique	2 c. à s.
15 ml	ciboulette fraîche hachée	1 c. à s.
375 ml	croûtons	1 1/2 tasse
	sel et poivre fraîchement moulu	

1 Déchiqueter les feuilles de laitue et les mettre dans un grand bol.

2 Dans une poêle, à feu vif, faire chauffer 15 ml (1 c. à s.) d'huile. Y faire cuire le bacon jusqu'à ce qu'il soit croustillant. Retirer le bacon, l'égoutter sur du papier absorbant et l'ajouter à la laitue.

3 Dans la poêle, faire chauffer la moitié de l'huile qui reste. Ajouter les foies de poulet et bien assaisonner. Faire cuire 2 minutes à feu moyen-vif. Ajouter à la salade.

4 Faire chauffer le reste de l'huile dans la poêle et, à feu moyen, y faire cuire l'ail et les échalotes. Ajouter le vinaigre et faire cuire 20 secondes.

5 Verser sur la salade et bien mélanger. Ajouter la ciboulette et les croûtons. Rectifier l'assaisonnement, remuer et servir.

Salade de rôti de bœuf froid
(4 portions)

450 g	rôti de bœuf, tranché en julienne	1 lb
1	poivron rouge, coupé en julienne	1
1	branche de céleri, tranchée finement	1
225 g	haricots verts, parés, cuits et coupés en deux	½ lb
1	grosse tomate, pelée, épépinée et coupée en julienne	1
15 ml	persil frais haché	1 c. à s.
15 ml	basilic frais haché	1 c. à s.
45 ml	vinaigre balsamique	3 c. à s.
105 ml	huile d'olive	7 c. à s.
	sel et poivre	
	quelques gouttes de tabasco	

1 Mettre le rôti de bœuf et les légumes dans un grand bol. Ajouter les fines herbes fraîches et le reste des ingrédients.

2 Bien mélanger et rectifier l'assaisonnement. Couvrir et laisser mariner 30 minutes au réfrigérateur avant de servir.

3 Servir sur des feuilles de laitue, si désiré, et garnir de fines herbes fraîches.

Salade grecque
(4 à 6 portions)

1	grosse laitue romaine, lavée et essorée	1
1	laitue rouge en feuilles, lavée et essorée	1
1	petit oignon rouge, épluché et coupé en rondelles	1
1	poivron vert, tranché finement	1
1	poivron rouge, tranché finement	1
2	tomates, coupées en quartiers	2
125 ml	olives grecques	½ tasse
250 ml	fromage feta, coupé en cubes	1 tasse
30 ml	vinaigre de vin	2 c. à s.
30 ml	jus de citron	2 c. à s.
2	gousses d'ail, épluchées, écrasées et hachées	2
5 ml	origan séché	1 c. à thé
75 ml	huile d'olive	⅓ tasse
	sel et poivre fraîchement moulu	
	fines herbes de saison	

1 Déchiqueter les feuilles des laitues et les mettre dans un grand bol. Ajouter l'oignon, les poivrons, les tomates, les olives et le fromage. Saler et poivrer.

2 Dans un petit bol, mélanger le vinaigre, le jus de citron, l'ail et l'origan. Saler et poivrer. Incorporer l'huile en fouettant.

3 Verser la vinaigrette sur la salade, bien mélanger et garnir de fines herbes fraîches, si désiré.

Salade Aïda
(4 portions)

1	chicorée	1
1	trévise	1
2	tomates, coupées en quartiers	2
2	fonds d'artichauts cuits, tranchés	2
1	poivron vert, tranché	1
	sel et poivre fraîchement moulu	
	vinaigrette à la moutarde (voir p. 86)	
	jus de citron, au goût	

1 Laver la chicorée et la trévise à l'eau froide. Bien essorer et déchiqueter les feuilles. Mettre dans un grand bol avec les tomates.

2 Ajouter les fonds d'artichauts et le poivron vert. Bien assaisonner et incorporer la vinaigrette. Ajouter du jus de citron, au goût. Bien mélanger, rectifier l'assaisonnement et servir.

Salade de riz et de crevettes au cari
(6 portions)

250 ml	riz à grains longs, rincé	1 tasse
15 ml	huile d'olive	1 c. à s.
350 g	crevettes fraîches, décortiquées et déveinées	¾ lb
1	poivron rouge, coupé en dés	1
1	branche de céleri, coupée en dés	1
4	tranches de cantaloup, pelées et coupées en dés	4
25 ml	poudre de cari	1½ c. à s.
2	gousses d'ail, blanchies, épluchées et en purée	2
30 ml	vinaigre de vin	2 c. à s.
90 ml	huile d'olive	6 c. à s.
75 ml	yogourt nature	⅓ tasse
45 ml	chutney	3 c. à s.
	sel et poivre	
	persil frais haché	

1 Faire cuire le riz. Bien assaisonner et laisser refroidir.

2 Dans une casserole, à feu moyen, faire chauffer 15 ml (1 c. à s.) d'huile. Y faire revenir les crevettes 4 minutes, en remuant pendant la cuisson. Ajouter le poivron et poursuivre la cuisson 1 minute.

3 Mettre les crevettes et le poivron dans un grand bol. Ajouter le riz, le céleri et le cantaloup. Assaisonner généreusement et mélanger.

4 Dans un petit bol, mélanger le cari, l'ail, le vinaigre et le reste de l'huile. Bien assaisonner et mélanger en fouettant. Verser sur la salade et bien mélanger.

5 Incorporer le yogourt et le chutney. Rectifier l'assaisonnement, parsemer de persil et servir.

Salade de chou rouge
(4 à 6 portions)

1	chou rouge, sans trognon et déchiqueté	1
60 ml	vinaigre de cidre	4 c. à s.
90 ml	huile d'olive	6 c. à s.
12	grains de poivre noir	12
	épices à marinade	
	sel et poivre	

1 Blanchir le chou 3 minutes dans de l'eau bouillante salée. Faire refroidir sous l'eau froide, bien égoutter et mettre dans un bol.

2 Mettre les autres ingrédients dans une casserole. Faire cuire 3 minutes, à feu moyen.

3 Verser la vinaigrette chaude sur le chou et assaisonner généreusement. S'il y a lieu, ajouter de l'huile et du vinaigre. Laisser mariner 3 heures avant de servir.

Salade de haricots noirs
(4 portions)

500 ml	haricots noirs, cuits	2 tasses
½	oignon rouge, épluché et haché	½
1	branche de céleri, coupée en dés	1
2	tomates, pelées, épépinées et hachées	2
2	gousses d'ail, épluchées, écrasées et hachées	2
15 ml	persil frais haché	1 c. à s.
45 ml	vinaigre balsamique	3 c. à s.
90 ml	huile d'olive	6 c. à s.
15 ml	moutarde à l'ancienne	1 c. à s.
	sel et poivre fraîchement moulu	

1 Mettre les haricots et les légumes dans un bol. Ajouter l'ail, le persil et le vinaigre ; bien mélanger.

2 Ajouter le reste des ingrédients et mélanger de nouveau. Rectifier l'assaisonnement, couvrir et laisser mariner 30 minutes au réfrigérateur avant de servir.

Salade verte
(6 portions)

1	petite laitue Boston	1
1	petite laitue en feuilles	1
2	endives, évidées	2
1	petite trévise	1
1	gousse d'ail, épluchée et coupée en deux	1
45 ml	huile d'olive	3 c. à s.
30 ml	jus de citron	2 c. à s.
5 ml	moutarde forte	1 c. à t.
15 ml	persil frais haché	1 c. à s.
	sel et poivre fraîchement moulu	

1 Laver les laitues à l'eau froide et bien les essorer.

2 Avec le côté coupé de la gousse d'ail, frotter les parois d'un grand bol en bois. Déchiqueter les feuilles des laitues et les mettre dans le bol. Saler et poivrer.

3 Dans un petit bol, mélanger l'huile, le jus de citron et la moutarde. Bien assaisonner et ajouter le persil. Mélanger en fouettant et verser sur la salade. Remuer, rectifier l'assaisonnement et servir.

Cuisson des champignons pour les salades

450 g	champignons frais, nettoyés	1 lb
125 ml	vin blanc sec	½ tasse
5 ml	huile d'olive	1 c. à t.
1	feuille de laurier	1
	sel et poivre	
	jus de citron	

1 Dans une casserole, mettre les champignons et les autres ingrédients. Ajouter de l'eau froide pour couvrir les champignons aux trois quarts. Déposer une feuille de papier ciré sur les champignons et porter à ébullition.

2 Baisser le feu à doux et faire cuire les champignons 6 à 8 minutes.

3 Retirer la casserole du feu et laisser les champignons refroidir dans leur liquide de cuisson. Bien égoutter avant de les utiliser.

4 Pour une utilisation ultérieure, conserver les champignons et leur eau de cuisson au réfrigérateur, dans un contenant hermétique.

Vinaigrette cuite

(4 à 6 portions)

5 ml	sucre	1 c. à t.
30 ml	farine	2 c. à s.
30 ml	eau	2 c. à s.
10 ml	moutarde douce	2 c. à t.
50 ml	vinaigre de vin blanc	¼ tasse
125 ml	eau	½ tasse
2	œufs, battus	2
15 ml	beurre ramolli	1 c. à s.
	sel et poivre	
	quelques gouttes de tabasco	
	lait froid	

1 Dans un bol, mettre le sucre, la farine, le sel et le poivre. Ajouter 30 ml (2 c. à s.) d'eau et mélanger au fouet. Incorporer la moutarde, le vinaigre et 125 ml (½ tasse) d'eau, toujours en fouettant.

2 Verser le mélange dans une casserole et faire cuire 3 minutes à feu doux. Remuer continuellement pendant la cuisson. Retirer la casserole du feu.

3 Au fouet, incorporer les œufs et le beurre pour obtenir un mélange lisse.

4 Verser le mélange dans un bol en acier inoxydable. Faire cuire au bain-marie 2 minutes, à feu doux, en remuant continuellement. Assaisonner avec de tabasco.

5 Mettre la vinaigrette dans un bol et laisser refroidir. Diluer avec du lait froid pour obtenir la consistance désirée. Servir avec des salades vertes ou des salades de légumes.

Mayonnaise maison
(8 à 10 portions)

2	jaunes d'œufs	2
15 ml	moutarde forte	1 c. à s.
300 ml	huile d'olive	1 ¼ tasse
15 ml	jus de citron ou vinaigre de vin blanc	1 c. à s.
	sel et poivre	

1 Mettre les jaunes d'œufs dans un bol. Ajouter le sel, le poivre et la moutarde. Fouetter pendant 1 minute.

2 Lorsque les jaunes d'œufs ont épaissi, ajouter l'huile, goutte à goutte, en fouettant continuellement. À mesure que le mélange épaissit, verser l'huile en un mince filet. Goûter la mayonnaise et ajouter de l'huile, si désiré.

3 Incorporer, en fouettant, le jus de citron ou le vinaigre. Rectifier l'assaisonnement.

4 Pour conserver la mayonnaise, incorporer, en fouettant, 15 ml (1 c. à s.) d'eau chaude. Couvrir d'une pellicule de plastique de sorte qu'elle touche la surface de la mayonnaise. Se garde jusqu'à trois jours, au réfrigérateur, dans un bocal fermé.

Vinaigrette à la moutarde

(6 à 8 portions)

1	jaune d'œuf	1
15 ml	moutarde forte	1 c. à s.
1	échalote sèche, épluchée et hachée	1
50 ml	vinaigre balsamique	¼ tasse
250 ml	huile d'olive	1 tasse
15 ml	persil frais haché	1 c. à s.
	sel et poivre	
	quelques gouttes de jus de citron	
	poivre de Cayenne, au goût	

1 Mettre le jaune d'œuf et la moutarde dans un bol. Ajouter l'échalote et le vinaigre; bien assaisonner.

2 Incorporer l'huile, en un mince filet, en fouettant continuellement. Ajouter quelques gouttes de jus de citron, le poivre de Cayenne et le persil.

3 Cette vinaigrette se garde jusqu'à trois jours, au réfrigérateur, dans un bocal hermétique.

Mayonnaise aux tomates fraîches
(6 à 8 portions)

5 ml	huile d'olive	1 c. à t.
2	tomates moyennes, coupées en dés	2
1	gousse d'ail, épluchée, écrasée et hachée	1
1	échalote sèche, épluchée et hachée	1
5 ml	estragon frais	1 c. à t.
375 ml	mayonnaise maison (voir p. 85)	1 ½ tasse
1	pincée de piments forts broyés	1
	sel et poivre	

1 Faire chauffer l'huile dans une poêle, à feu moyen. Ajouter les tomates, l'ail, l'échalote et tous les assaisonnements. Faire cuire 12 minutes, à feu moyen.

2 Passer le mélange au mélangeur. Verser la purée dans un bol et laisser refroidir.

3 À la mayonnaise maison, incorporer 50 ml (¼ tasse) du mélange aux tomates refroidi. Rectifier l'assaisonnement et servir avec diverses sortes de salades.

Tapenade
(4 à 6 portions)

250 ml	olives noires dénoyautées	1 tasse
4	filets d'anchois, égouttés et hachés	4
45 ml	jus de citron	3 c. à s.
175 ml	huile d'olive	¾ tasse
	sel et poivre	

1 Au robot culinaire, réduire en purée les olives et les anchois. Verser le mélange dans un bol et incorporer le jus de citron.

2 Incorporer l'huile au fouet. Saler et poivrer.

Utiliser la tapenade comme condiment avec des légumes frais, des viandes froides et du poisson.

Mayonnaise légère au chili
(4 à 6 portions)

125 ml	mayonnaise	½ tasse
30 ml	babeurre	2 c. à s.
2	gousses d'ail, blanchies, épluchées et en purée	2
15 ml	sauce chili	1 c. à s.
	sel et poivre	
	jus de citron, au goût	

1 Dans un petit bol, mélanger tous les ingrédients. Rectifier l'assaisonnement et servir.

Vinaigrette de base
(4 à 6 portions)

30 ml	vinaigre de vin blanc ou rouge	2 c. à s.
90 ml	huile d'olive	6 c. à s.
5 ml	persil frais haché (facultatif)	1 c. à t.
5 ml	estragon frais haché (facultatif)	1 c. à t.
5 ml	ciboulette fraîche hachée (facultatif)	1 c. à t.
	sel et poivre fraîchement moulu	

1 Mettre le vinaigre dans un bol. Saler et poivrer.

2 En fouettant, bien incorporer l'huile. Ajouter les fines herbes, au goût, et bien mélanger.

3 Rectifier l'assaisonnement et servir avec des salades vertes.

Vinaigrette à la tomate
(6 à 8 portions)

2	gousses d'ail, épluchées et tranchées	2
45 ml	jus de citron	3 c. à s.
45 ml	vinaigre de vin	3 c. à s.
125 ml	huile d'olive	1/2 tasse
2 ml	sucre	1/2 c. à t.
30 ml	sauce tomate	2 c. à s.
1 ml	moutarde douce	1/4 c. à t.
15 ml	persil frais haché	1 c. à s.
	poivre	

1 Dans un bol, mélanger tous les ingrédients. Couvrir et laisser mariner 1 heure au réfrigérateur.

2 Retirer l'ail avant d'utiliser. Servir avec des salades de légumes.

Sauce au soya
(4 à 6 portions)

125 ml	fromage cottage	1/2 tasse
60 ml	crème sure	4 c. à s.
125 ml	babeurre	1/2 tasse
15 ml	moutarde forte	1 c. à s.
5 ml	vinaigre de vin	1 c. à t.
2 ml	sauce soya	1/2 c. à t.
	sel et poivre	
	quelques gouttes de tabasco	
	quelques gouttes de sauce Worcestershire	

1 Au robot culinaire, mélanger tous les ingrédients et rectifier l'assaisonnement.

2 Peut se garder jusqu'à trois jours au réfrigérateur, dans un contenant fermé.

Sauce au fromage cottage
(4 à 6 portions)

250 ml	fromage cottage	1 tasse
125 ml	mayonnaise	½ tasse
50 ml	yogourt nature	¼ tasse
2	gousses d'ail, blanchies et en purée	2
5 ml	moutarde forte	1 c. à t.
15 ml	vinaigre de vin blanc	1 c. à s.
1	pincée de sucre	1
	quelques gouttes de jus de citron	
	quelques gouttes de tabasco	
	sel et poivre	

1 Au robot culinaire, réduire en purée le fromage cottage. Ajouter le reste des ingrédients et mélanger pour bien incorporer.

2 Rectifier l'assaisonnement et servir avec des salades de légumes.

Sauce rémoulade
(6 à 8 portions)

375 ml	mayonnaise maison	1 ½ tasse
30 ml	moutarde forte	2 c. à s.
30 ml	câpres	2 c. à s.
1	gros cornichon, haché finement	1
15 ml	persil frais haché	1 c. à s.
15 ml	estragon frais haché	1 c. à s.
2	filets d'anchois, égouttés et hachés	2
¼	poivron jaune, cuit à la vapeur, pelé et haché	¼
	quelques gouttes de tabasco	
	poivre fraîchement moulu	

1 Mettre tous les ingrédients dans un bol et mélanger pour bien incorporer. Rectifier l'assaisonnement et refroidir avant de servir.

Cette sauce rémoulade accompagne bien les viandes froides, le poisson, les fruits de mer et les plats à base d'œufs.

Sauce tartare
(6 à 8 portions)

375 ml	mayonnaise maison (voir p. 85)	1 ½ tasse
2	œufs durs, coupés en dés	2
15 ml	câpres	1 c. à s.
1	cornichon, haché finement	1
5 ml	persil frais haché	1 c. à t.
5 ml	ciboulette fraîche hachée	1 c. à t.
1	échalote sèche, épluchée et hachée	1
	sel et poivre	
	poivre de Cayenne, au goût	
	jus de citron, au goût	

1 Mélanger tous les ingrédients jusqu'à ce qu'ils soient bien incorporés.

2 Servir avec des salades chaudes ou froides de poisson.

Vinaigrette épaisse aux œufs
(4 à 6 portions)

15 ml	moutarde forte	1 c. à s.
1	jaune d'œuf	1
30 ml	vinaigre de vin	2 c. à s.
90 ml	huile d'olive	6 c. à s.
2	gousses d'ail, blanchies, épluchées et en purée	2
30 ml	crème sure	2 c. à s.
	sel et poivre	
	jus de citron, au goût	

1 Dans un petit bol, mélanger en fouettant la moutarde, le jaune d'œuf, le sel et le poivre. Ajouter le vinaigre et mélanger de nouveau.

2 Ajouter l'huile et fouetter jusqu'à ce que la vinaigrette épaississe. Incorporer l'ail et la crème sure. Bien assaisonner.

3 Ajouter du jus de citron, au goût, et servir.

Sauce au fromage bleu
(4 à 6 portions)

75 ml	yogourt nature	⅓ tasse
75 ml	fromage cottage	⅓ tasse
125 ml	mayonnaise légère	½ tasse
125 ml	fromage bleu émietté	½ tasse
1	pincée de paprika	1
	quelques gouttes de sauce Worcestershire	
	quelques gouttes de jus de citron	
	sel et poivre fraîchement moulu	

1 Mélanger tous les ingrédients, sauf le bleu, jusqu'à obtention d'une préparation lisse.

2 Bien assaisonner et ajouter le bleu. Mélanger et servir avec une salade verte.

Mayonnaise légère pour salades de légumes
(4 à 6 portions)

75 ml	mayonnaise	⅓ tasse
15 ml	crème sure	1 c. à s.
5 ml	moutarde forte	1 c. à t.
15 ml	ciboulette fraîche hachée	1 c. à s.
	sel et poivre	
	poivre de Cayenne, au goût	
	jus de ½ citron	

1 Mélanger tous les ingrédients dans un petit bol. Rectifier l'assaisonnement et servir.

Sauce ranch
(4 à 6 portions)

2	gousses d'ail, blanchies, épluchées et en purée	2
250 ml	babeurre	1 tasse
175 ml	mayonnaise	¾ tasse
2 ml	graines de céleri	½ c. à t.
5 ml	aneth frais haché	1 c. à t.
2 ml	moutarde douce	½ c. à t.
1	pincée de paprika	1
	jus de citron, au goût	
	sel et poivre	

1 Pour blanchir les gousses d'ail, les faire cuire dans de l'eau bouillante salée pendant 4 minutes environ. Retirer les gousses d'ail de l'eau et les laisser refroidir ; peler et réduire en purée.

2 Au robot culinaire, mélanger tous les ingrédients pour obtenir une préparation lisse. Rectifier l'assaisonnement et servir.